Advance Praise

"Zack Berger is at the forefront of a generation of poets attempting to resurrect Yiddish as a literary language. In this respect, his service to literature has already far exceeded any personal dimensions – his translations of perhaps the greatest Yiddish poet, Avrom Sutzkever, are absolutely exquisite. In *One Nation*, he attempts to translate himself. In the poet's own words, "The world was flooded with death/ and to save it all a man built a poem." If you'd like to find out the answer to his question "How do you English a Yiddish nation?" please come along for the ride."

—Alex Cigale, poet, translator, editor

"*One Nation Taken Out of Another* is Zackary Sholem Berger's brilliant melting pot of a book, where English and Yiddish egg each other on like a "Hebrew word tied to the tail of a shampooed Manhattan poodle." The Bible is an integral part of modern life in this poet's world, and the poetry is accomplished: "Nathan's Bar," for one, is about as lovely and perfect a poem as you could ask for.

—Elinor Nauen, author of *My Marriage A to Z* and *So Late into the Night*

"Zackary Sholem Berger reminds us that the "vanished world" of Yiddish literature in fact endures. His poems offer insight into the nature of language, and the puzzle of identity, and the reasons why ancient stories matter so much to so many. Yet *One Nation Taken Out of Another* is no relic of the past; this is a vital, living book.

—Peter Manseau, author of *Songs for the Butcher's Daughter*

דער טיטל איז "איין פאָלק ארויסגענומען פון אַ צווייטן", אַן איבערטייטש פון "לקחת לו גוי מקרב גוי", און פאַרדעם באַקומט איר אַ ייִד אַריינגעלייגט אין אַ ייִד און אַזוי צעטרייסלט אַז איר ווערט 'פאַרקראָכן אין דער פאַלטשע סדרה'. דאָ קענט איר זיין 'עולים ויורדים\ יורדים ועולים', עפּישע הבטחות פון אַ גרויס פאָלק און אומצאָליק ווי שטויב און שטערן ווען מען פיטערט די קינדערביים עס טיש, שפּירט דאָ דעם צוּפ פון 'האָרסראַדישקייט" מיט אַ שמייס פון דער 'קאַנטשיקס צוגלופּט', נישט פון עבודת פרך נאָר פון זיין 'צו פריי'.

בערגער האָט ווידער אַהערגעשטעלט אַ זאַמלונג פון קאַפּריזיש און לעבעדיקע פּאָעמעס צאַמגענייט מיט אַ וואַקיקייט (wacky-keit) ווי משה רבינו שטויסט זיך אָן אין איימי וויינהויז און 'קיינער איז ניט דער בעל הבית'. אָבער אין דער ייִד פון געלכטער הערט זיך אויך דער 'פּיין פון אַ נביא' און די קשיא פון נדב ואביהו, וואָס מען האָט פון זיי נעבעך געוואָלט?

"אַ וואָלקן ווערטער מיט אַזאַ מיין פֿאַרבאָרגן\אָדער אַ גאָט אָדער אַ פאָלק אָדער אַ מעשה\איז שוין מיט מזל דאָ"

—Katle Kanye, www.katlekanye.blogspot.com

"Zackary Sholem Berger's Yiddish/English mirror writing gives us a new way of looking at language and tradition, Jewishkayt and Yiddishness, Abraham of Ur and Abraham Sutzkever. Berger's work can't help but be bilingual; a single language can't contain all that he's trying to say."

— Michael Wex, columnist and author of *Born to Kvetch*

One Nation Taken Out Of Another

איין פֿאָלק אַרויסגענומען פֿון צווייטן

Zackary Sholem Berger
שלום בערגער

Apprentice House
Loyola University Maryland
Baltimore, Maryland

Some of these poems were originally published in the following journals: *Ancora Imparo, Cobalt Review, Di Tsukunft, Tidal Basin Literary Review, Yugntruf.*

First Edition

Printed in the United States of America

ISBN: 978-1-62720-014-1
Ebook ISBN: 978-1-62720-015-8

Design by Katherine Cunningham

Published by Apprentice House

Apprentice House
Loyola University Maryland
4501 N. Charles Street
Baltimore, MD 21210
410.617.5265 • 410.617.2198 (fax)
www.ApprenticeHouse.com
info@ApprenticeHouse.com

Contents

בראשית

בראשית ברא,
אין אָנפֿאַנג איז געווען
נישט קיין אָנפֿאַנג נאָר אַ פֿילפֿאַכיקייט פֿון "ווענס":
ווען אַ תּורה האָט מען אָנגעשריבן
ווען די בליצן פֿון סיני האָבן זיך אײַנגעקריצט אין די אויגן
און פֿון באַרג האָט אַראָפּגעשריגן
אַ וואָלקן ווערטער מיט אַזאַ מיין פֿאַרבאָרגן
אָדער אַ גאָט אָדער אַ פֿאָלק אָדער אַ מעשה
איז שוין מיט מזל דאָ

The genesis was ginned up
as the beguine was begun:
the start of all arts
and the singing of the first song.
Let there be "let there be"
and there it was. Command.
The Word from the Mouthless.
The Gesture sans Hand.
Don't believe in beginnings?
You're halfway there:
let's be transtemporal
halfway up the stair
never progress
never get the hang of time
Or let's stand athwart History
Crying Go Go Faster
Bring The Cryptic
As We Unlock the Apocalyptic

אין אָנהייב איז אַבראַשע געווען אין סיביר
די שניי האָט אים פֿאַרוויקלט, די וויסטעניש פֿאַרפֿאַרביקט
ליגנס וואָלט איך קענען אויסטראַכטן אָן אַ שיִער
נאָר מייַנע יונגע יאָרן זייַנען געווען לאַנגווייַליק
מייַן אָנהייב וואַקסט אויס רגעסווייַז יאָרן לאַנג
איך קראַץ מיך צונויף מיט שטיקלעך און ברעקלעך
מיט געדאַנקען און אינסטינקטן, מיט תּאווה און געזאַנג
אַלץ צונויפֿגעקייטלט ווי רימונים צווישן גלעקלעך
אַלע פֿעדעמער טייל־סופֿיק, יעדער קיצור איז שוין לאַנג
אין געטאָ די טונעלן פֿול קיא־וצואה, שרעקלעך
פֿון זיי איז אַ געהיימע ליד אָנפֿאַנגיק אויפֿגעגאַן

אברהם אבינו

The world was flooded with death
and to save it all a man built a poem
of papers stolen from flame.
He crawled in and saved his last breath
then blew his own straight white page
as a sail across the unscrolled sea.
He sent out a letter to see
if Yiddish death could memorialize an age.
He died before the yud returned.
                                        Crazy
to wish for revival when everything dies.
Like Jesus, I am standing graveside
but for resurrection I might be lazy
or insufficient. Would revivification
do the trick? Who died then
who Sutzkever carried - capsuled - in his pen?
How do you English a Yiddish nation?

פֿאַרשטומט און פֿאַרשטווינט פֿון געווירבל און בליץ
האָבן העלפֿאַנט און זשוק עפּעס שרעקלעכס דערוווּסט
נישט די תּיבֿה פֿירט זיי צו גרונט
זיי זײַנען פֿאַרקראָכן אין דער פֿאַלשער סדרה
פֿײַערדיקע האָגל, בלוטיקע טײַכן און פֿאָנטאַנען
אומגעציפֿער שפּרינגענדיק לײַב אײַן לײַב אויס
אַרויסגענומען איין פֿאָלק פֿון אַ צווייטן
כאַפּט זיך אַ חיה: קיין מבול איז דאָס נישט
ס‘איז ווידער אַ מענטש-צווישנמקיאנען
ס‘איז ווידער אַ בשׂר-ודמיקע טייטערײַ
ס'איז אַ הייליקע האָגל פֿון מענטשן־קערפּער
פּגרים און בר־מנינס פֿון אַלע פֿעלקער

בראשית

At any moment, one person is doing
exactly what you are. The rest
are doing things you never dreamed.
Macrocosms crammed
into moments. Rather than reproducing
this multitude, think up names
for it all. Throw the names into the air
and let them stick to their objects.
You are a tiger, you are a lion.
You, sir, are Adam, the first person
but for me.

נח

און דאָס איז די תּיבֿה און די טבֿע
איז דאָס דאָס לאַנד און די לאַנדונג
צו צוויי און צו זיבן דעם עררט דערקענען
אַז דאָס איז אונדזער איינציקער און היימישער פּאַראַט

Noach

It was a floating box.
Like a lifeboat filled with rocks.
Noah coughed up blood.
Rodents scurried. Dumb beasts lowed.
Like a coffin. Putrid socks.
Rebel beasts in hold below.
Lazy beauties missed the boat.
Squeaky pesties. Swish-tailed ox.
Water high and corpses low.
No one speaks till Noah talks.
A shudder, then a founder.
Triple-decker on the rocks:

לך-לך

גיי דיר פֿון דײַן יאָרהונדערט
פֿון דײַן ספּעציעלער זיכיקייט
און קריך אויף די ווענט פֿון נישטיקייט
אַוורעמעלע זיצט אויפֿן ראַנד וואַנט מיט זײַן האַנטזייגער און פען
זוכט די אויפֿגייענדיקע מאָרגנשטערן
צופֿוסנס ליגט אַ קאַלטע וויסטעניש
ערגעץ באַגראָבן דעם טאַטנס ביינער
אַ ווילנע לײַכט־אויף אויפֿן האָריזאָנט
גייט ער
און שאַפֿט
און עס ווערט יענער געשאַפֿן
זיך אַליין אויך געשאַפֿן
ביז ער שעפּט פֿון געשיכטע־ברונעם זײַן אייגענע היסטאָריע:
אַ טויב, אַ פֿידל און אַ פען
וועלן זיך טרעפֿן אין אַש
זיך געבן די פֿליגל און
טײַבלש אַ פֿלי טאָן
מיט די נפֿשות וואָס ער האָט געמאַכט
האָט ער געקאָרמעט אַ זאַטע מדינה
מיט אַן אומהערזאַמער שפּראַך

From the word Go, I went.
It was a double go. Go - if you want.
You should go? I should stop you?
You should have stopped me. I should
have gone somewhere else. Did I know?
I should have stayed? Go, you said
with the pronoun. Not "You go", but
"Go you." Translate yourself somewhere.
It had to do with my translation.
It wasn't even the first Go I heeded.
It was a copied declaration, a mimeographed
suggestion, a Hebrew word tied to the tail
of a shampooed Manhattan poodle.

One Nation Taken Out of Another

ויהי ביום השלישי

און עס איז געווען נאָך די דאָזיקע געשעענישן אַז דער אייבערש־
טער האָט באַשערט דעם ייִדישן פֿאָלק קוילן און גאָלד אין זעלבן
שיסל, און דאָס עופֿעלע ייִדעלע האָט געכאַפּט אַלץ מיט אַ מאָל
מיטן נײַגעריקן הענטעלע, און געבראַכט דאָס צום מײַלכל, און זיך
אָפּגעבריט. האָט דער אייבערשטער, זיצנדיק דאָרט אויפֿן קענגילע־
כן טראָן, זיך שוין באַקאַנט, אַז דאָס עופֿעלע ייִדעלע איז אַ בר־אנוש
מיט אַלע טרערנגריבער און געלעכטער-צייכנס פֿון זײַן מין.
האָט זיך דער אייבערשטער געפֿעדערט אין דער פֿרי, און איז
אויפֿגעגאַנגען כּבֿיכול צום שפּיץ פֿון העכסטן באַרג אין גאַנץ אייראָ־
פּע, ערשט די פֿעלקער פֿון דער וועלט האָבן זיך אָנעגעצט אויף די
ייִדן, וואָס זײַנען געוואָרן אַן עם-שחור, נעגריזירט, פֿאַרשקלאַפֿט און
פֿאַרערגערט.

דער אייבערשטער האָט געוויינט מיט ביטערער טרערן, און יעד־
ער טרער איז געוואָרן אַן אָזערע וואָס האָט דערטרונקען נאָך ייִדן
שלימזלס.

יעדער טרער האָט זיך אויסגעוועפּט און איבערגעלאָזט אַ ברעקל
זאַלץ. און יעדער זעלצעלע איז געוואָרן אַ טרוים פֿון אויפֿלעב און
גאולה.

There we were, and there was love, and God said, Take him and end him. I said, Yes sir here I am, and we went. Three days, and the mountain came up - we both saw it - but only I knew what we were supposed to do there. What? he said. I pointed up to the top. Where's the goat? No goat. Just you and me. We got to the top and I tied him down on top of the wood. If there was love there neither of us could see it, but then when I heard my name called twice I knew it wasn't a mistake. So I put down the knife. There was an animal of some sort stuck in the bush. I pulled and pulled but couldn't budge him. The two of us tried together. What an afternoon that was! We fell into the brambles, got all stuck by thorns, bled a little bit on each other. I wiped off his bloody face on my cloak. We had lunch up there, got lost, and eventually found our way down. *If you get us lost*, I shouted after him, *I'm going to kill you!*

חיי שרה
The life of Sarah

דאָס לעבן פֿון שׂרה אמינו זאָל איר זכות אונדז בײַשטיין במהירה
בימינו אָמן
was 120 years
איז געווען הונדערט און זיבן און צוואַנציק יאָר איז געווען די צאָל פֿון
שׂרהס טעג
and she was mourned
מע האָט זי באַוויינט מיט ביטערע טרערן זייער אַ לאַנגע צײַט.
Whereupon it was decided that in all the history of Jewish liturgy love and literature there should be enough matriarchs to furnish a feminist room.
האָט מען געזוכט צווישן אַלע ראשונות און אַחרונות צי איז ניטאָ
קיין מאַמע וואָס קען געבוירן אַ נײַע חבֿרה פֿרײַע מיידלעך און לוס־
טיקע יינגלעך וואָס קענען זיך איינער דעם צווייטן ליבן און שטיצן
and they all got together in a castle on the hill. Ruth ascended the spiral stairs and let her hair hang down as she sang songs of bloody speartips.
שׂרה שנירער האָט געהייסן די מיידלעך לערנען פֿלײַסיק ווײַל נאָר
זיי וואָלטן זיך אַליין דעראַרבן די מיצווה.
But naming all women is like naming all men.
תּעמוד תּעמוד תּעמוד אָן ענד.
אַ לאַנגע מגילה פֿון זיִען אין אַ בית-כּנסת פֿון ערן.

תולדות

Two children are walking towards my bed: my present son (he's three) and my future son (he's thirty-something).

I'm sick, a mound of Kleenex at my right elbow and a barrel of Tylenol at my left. I am thirty-seven but I feel sixtyish.

Father! cries one. Bless us! *Vos iz mitn goyish?* I say. What's with the goyish? Speak Yiddish like we do at home.

Father! cries one. From his voice - the older one. From his fluid movements and smooth cheeks - the younger. My vision is never good. "Come closer!" I say. My language is failing me. I strengthen myself.

Am I dying? I have a cold.

Father! they cry again."*Kumts vider aher, kh'zol aykh ontapn mit di hent.*" I know the old story. The younger son doesn't know it yet and the older son knows I know it.

"Children," I say, "you are one son, and you have the only blessing I could ever give you - and that not unmixed - your very existence. I don't know what else I can wish for you. If you ask me, I could write down every detail of your coming years. That would not be fair." "*Tate,*" the younger one says, "*bentsh undz, ikh farshtey nisht vos du zogst, ikh hob dikh lib.*"

I break down. "May you embrace love and swim in happiness. May you drink sunshine and gorge yourself on the food of God."

תולדות אברהם

<u>אויסצוג</u>

ער האָט געוואַרט אויפֿן סאָוועטישן עראָפּלאַן, ניט טראַכטנדיק וועגן קאָמוניזם אָדער וואָסער ניט איז אַנדער איזם. אַפֿילו דער פֿאַשיזם איז אין יענעם מאָמענט ניט שײַך. נאָר אַ ליד אַזאַ, וואָס צוליב אַן אומבאַקאַנטער סיבה ער האָט קיין מאָל ניט באַוויזן צו פֿאַרשרײַבן, און אָנגעהויבן האָט זיך עס אָט אזוי.

עס הייבט זיך אויף דער עראָפּלאַן מיט גריסונגען דער לופֿט
ווי בײַם פֿילאָסאָף דער שׂכל באַכוחט פֿון פֿערנונפֿט
און בשעת איך ווער געהויבן, אַן איינציקער בר-נש
דערהויבן ווערט אַצילותדיק אַ פֿאָלק געוואָרן אַש.
ווער דעם פֿליגער האָט געשיקט ווייסט נאָר דער רויטער פֿאָן
נאָר אומעטום האָבן ביכער זייערע רויזן אָנגעטאָן
לאָמיר האָפֿן -- ווי מלאכים זאָגן אַלע לוטן --
אַז אין פֿסר מע זשאַלעוועט ניט טרענירונג פֿאַר פּילאָטן

נאָכן אַראָפּלאָזן זיך אויף דער קאַלטער-האַרטער סאָוועטישער ערד איז געווען אַ רגע ווען דער גרויסער פּאָעט איז ניט זיכער, פֿאַר וואָס ער האָט זיך אַהינגעטאָן:

געשליפֿן האָבן אײַז-ליכטלעך מײַן שיר
בשעת איך האָב פֿאַרפֿאַסט מײַן בוך "סיביר".
און איצט בין איך אין אַ לאַנד פֿול אײַז
בשעת מע שׂרפֿעט בײנער נאָך אויף אַש.

די לידער אָבער האָט ער - נאָכן אָנשרײַבן - באַלד צעריסן אין אַ זעלטענע רוגזה און צעוואָרפֿן איבער דער רוסישער שניי, צעשרייט ווי אַ בלאַט איבער די ראָסייִשע לאַנדשאַפֿטן.

Toldos

I looked in the mirror -
You are a nation mighty and numerous
I sat down at table -
You will be as ten thousands
I served the children -
I am called Almighty Father
I lay sick in bed -
Can my hand not reach my desires?
Irregular slow breaths -
You will be as numerous as pebbles
Tossed at my stone

תולדות
(Nathan's Bar)

Every stone and stair
creaks with my grandfather's step.
He was the grandfather that gave birth to me.
His bar was full of empty bottles, always
Clinking and ringing out of tune.
"GROUP COUNSELING" it says
on the pack of matches. A knight stands,
looks out at me with an L-gaze.
He might have been an alcoholic, I
ventured once to my mother. He was
not an alcoholic, I got back as clearly
as the static-washed fibers would
allow. He gave birth to me, through his
chessboarded beer-womb, as surely
as Sutzkever was my *mesader-kedushin*.
Just like every patient is my child
and my girl and boy
father and mother to me.
And my wife is me forever.

תולדות

דאָס זײַנען די משפּחות פֿון שלום בערגער.
אויפֿן טאַטנס צד אַ פֿאַמיליע גלעלע ייִדן, האַרטנעקיקע, אין פֿילאַדע־לפֿיע.
אויף אַן אַלטן פֿאָטאָ פֿירט אָ ברוגזלעכער לאָקש אַ פֿולן טראַמוויי
און קוקט קרום אויף די פּאַסאַזשירן
וואָס שטייט איר אַזוי ווי הערינג אין אַ פֿעסל?
דעם זיידע עליו-השלום האָב איך געקענט
דורך די נײַגעריק-נאַרישע אויגן פֿון אַ זיבן-יאָריקן
וואָס באַמערקט האָט נאָר
די וועטשערע-טעלערס פֿון זילבער-פּאַפּיר
און דער אָנשטרענג וואָס האָט אונדז באַגלייט
יעדן מינוט פֿון אונדזער קורצן און צו לאַנגן וויזיט.
וויפֿל ברודער דער טאַטע האָט ווייס איך ניט.
ניט וויכטיק -
די פֿאַמיליע, ווייסט יעדער אַמריקאַנער,
איז דאָס וואָס מע קלײַבט אויס שוין דערוואַקסענערהייט
דאָס זײַנען די חבֿרים פֿון שלום בערגער
דער מאַן וואָס האָט אַ מויל אויף רעדער
די פֿרוי וואָס איז ניט ווייניקער טאַקטלאָז
די צווייטע פֿרוי וואָס איז כּלפּי-חוץ ניט פֿרײַנלדער
און אַלע מאָדנע ייִדישיסטעלער למיניהם
דאָס זײַנען די שׂונאים פֿון שלום בערגער
אַ טונקעלע מחנה וואָס וואַרט הינטער די קוליסן
אויפֿן רגע פֿון אַפּאָקאַליפּס
וואָס נידערט זיך אַראָפּ טונקלהייט אויף דער ערד
באַחרית-הימים
ווען דאָס שפּאַנענדיקס וועט זיך ענטפֿערן:
פֿון וועלכער רעליגיעזער טראַדיציע
וועלן זײַן גהינום און גן-עדן?

ויצא

עולים ויורדים
יורדים ועולים
דאָס זײַנען מלאכים
צי זיי זײַנען יידן?
דער לייטער איז יאָרן
יאָרצענדליקער גאָר
דער לייטער איז משל
דער נימשל איז נאָר
עלייה ירידה
ירידה, ניט פֿאַל
מע הערט אַלץ אין חלום
דעם טעמפּלעכן שאַל
דער לייטער אין האַרץ בײַסט
ווי שׂונאס קינזשאַל

ויצא

אויפֿן ערשטן שטאָפּל אַ פֿערד מיט אַ פֿידל.
אַוווּ גייסטו, סוסתי, פֿרעג איך באַוווּנדערט.
אַ הי אַ הי! זאָגט ער מיט ברען.
יאַך שפּיל דעם ניגון וואָס נאָר אַ פֿערד קען.

עס גייען מלאכים אַרויף און אַראָפּ
פֿאַרבלײַב איך אין מיטן און רײַס דעם האַלדז - סטאָפּ!
דאָס איז אַ מדרש צי דאָס איז אַ וויץ?
מע שטײַגט און מע קלעטערט - מע זעט ניט קיין שפּיץ!

זינט דעמאָלט וואַרט איך זאָל נעמען אַ סוף
צום טרוים פֿון דעם סולם, אַרויף און אַראָפּ
נאָר דער סולם איז חיים, און מוות דער לייטער
ווער ווײַזט מיר דעם שפּיץ ווען איך ווער מיר געלײַטערט?

Vayigash

Split all the animals besides the bird.
The sun poured through with fire.
You shall be: people. nation. word.
Brilliance, scattered there and here.

Show me, show me, I will inherit.
Bring me sacrifice! Show me fate!
Drained, a bird too weak to die.
"Make every day a Godforsaken day."

Sun set. Pitch night came.
Abraham, reckoner of fate, still sat.
Sacrifice has no right or claim.
Division is mistress over wrack.

הגדה של פסח
Hagode shel Peysekh

Have you ever seen one people taken out of another?
I woke up once and felt all the Jew drained from me.
I felt miracle prickling my skin. A horseradishkait
no longer numbed my sense. Now I can freely be.
Hobbled by particularism no longer, I can draw
my inner child from every bloody river. Sorrow
is the plague of the unrooted *khreyn*. Wit
is the biting jelly of the *khreyn*-uprooted worm.
I saw a person taken out of another. Half-asleep,
the half-draped half-pregnant half-mother murmured
"a do-"
adoring
ot o do
adonai
a daughter
The river stopped:
Live in your bloods!
Live in your bloods!

Are you Egyptian or Jewish, Joseph?
Is this a story of peoplehood or identity?
I am the head of a great nation.
I am a savior from famine.
Wherever I go, heads lift with hope.
Eyes gleam in hunger.
Are you Egyptian or Jewish, Joseph?
Like God, I took myself out of one people
and went to another. I have two names.
Are you Egyptian or Jewish, Joseph?

בראשית רבה
Bereyshis Boro

Who are the people you are talking to here?
ווער אַ גוי דאָס אַ מאָל לייענען?
Who are today's children of Jacob? Who needs blessings today?
Please no more scrolls, scripts, or songs. Our breath is short
our chest is heavy
it is the pressure of all deaths
not mentioned in any holy
book or prayer
Adoyshem der Roytseyekh
in league with
Adam Earthman

ADAM EARTHMAN (to Adoshem Rotzeach):
What do you call this thing, God?

ADOSHEM ROTZEACH
Death.

ADAM EARTHMAN
I didn't realize you meant death per se. I thought it was all a metaphor.

ADOSHEM ROTZEACH
This game you play, where you invent my mouth and the words that come from it...

ADAM EARTHMAN
It's midrash.

ADOSHEM ROTZEACH
It's postmodern and I say the hell with it.

ADAM EARTHMAN
Can I have 10 lines of dialogue? Would you kill me for 5---?

[the TREE explodes in a shower of apples, wheat, or other symbolic fruit.]

I am always stopping there,
waiting for her to make the offer again.
She must have smelled like gold
and tanning oil. She must have known
I would not have said no, but God
stayed my greedy hand.
I was ready then to combust my own soul
like my sweaty grandfather
his arm hair singed by ashes.

The storyteller's secret is my own,
why he was silent I do not know.
It would have ruined my reputation
for generations: but I did say yes
after all.

It was a day of celebration.
They are all alike.
We partook in it.
Abraham foresaw exile.
In bed, she and I melted like butter
like betarim in each other's mouths.
Never speak of this to anyone.

הגדה של פסח
Hagode shel Peysekh

The little waves are like combs of sea princesses.
You can hear the crabs scratching out a message -
we are tuning in -
DON'T DO IT JEWS
thinking is something we never did in Egypt

sweatdrops launch themselves in deathleaps
toes curl
The desert is not dead
Everything is murmuring smally at once

Then a wide-robed idiot
didn't look one way or the other
but stepped smartly forward
up to his neck.

We all whistled - not musical at all -
it was scorn of the people
not allowed such riches before.

Nachshon, need a shower?
Nachshon, foxy fish down there, huh?
Nachshon, one small step for man?
Meanwhile the beatific smile.
Sharpened a little by the cold, wind,
boisterous accompaniment.

We watched him step in
then turn away.
Our eyes were too dry to witness this
non-drowning.
Have you ever seen one nation taken
out of another?

דאָס זײַנען די נעמען פֿון די זעקס הונדערט דרײַ טויזנט פֿינף הונ־
דערט פֿופֿציק בני ישׂראל וואָס זײַנען אַרויס פֿון מצרים מיט משה־
רבינו בראָש. צום באַדויערן איז דאָס געשריפֿטס אַ פֿאַרגרײַזטע, און
נאָר טייל זײַטן דערפֿון זײַנען צו אונדז דערגאַנגען.

דאָס זײַנען די נעמען פֿון די ערבֿ־רבֿ, וואָס זיי האָבן מיט זייערע רייד
און געזאַנג פֿאַרווײַלט בני־ישׂראל בשעת אַ רײַזע וואָס וואָלט - ווען
ניט זיי - געווען ניט אויסצוהאַלטן

דאָס איז מײַן נאָמען, אויפֿן וועג אַרויס בכל־יום תּמיד פֿון אינערלע־
כע און דרויסנדיקע מצרימס

קיין נאָמען האָב איך ניט חוץ

ברעקל
פּינטל
אַטאָם־הראשון
באַגריפֿל
ניוראָנדל

Meshiekh משיח

I brought an offering for my sin
but the priest refused to let it in
The cattle lowed my faults to all Jerusalem

I sat at the gate and bound my wounds
Rebound till they were tightly wound
All the saints & rabbis glared downwind

Sire - they asked - when will you come?
I never will. And I already came.
I raked my head with a plastic comb.

If only you listened when I said Today.
You thought I meant "Okay, okay"
But if you listened to my voice
You'd merit erasure of vice

הגדה של פסח

וואָס האָט ענלעך דערפֿירט צו יציאת־אַמעריקע?
איך האָב זיך געפֿילט צו פֿרײַ
איך האָב ניט געוווּסט איסור והיתּר
כ׳האַב ניט דערשפּירט דעם קאַנטשיקס צוגלופּט

To Stay in Baltimore

We left Baltimore because we told ourselves it was dan-
gerous
Death's angel was abroad on every thoroughfare.
We stayed in Baltimore. Staying home is what folks do.
There was no reason to leave. We couldn't go some-
where better.
Jews live elsewhere. Schools are safe and good else-
where.
I've never thought of living elsewhere. White people can
pick
where they want to live. Jews live elsewhere. Schools
are what we make of them. Staying home is what folks
do.
There is no reason not to leave these suburbs, these
mall-
shuls. There's no reason not to love these gaping doors.
My husband is a minister, he's a hundred years old.
Never
misses his walk. There are bad kids - someone got shot
just the other day. We left because we were told to leave.
We stayed because we told ourselves to stay. No
Miracles. What we live with every day. Miracles.
That's always what I want for my kids. Great scholars
of Torah. Top of their class. Never lacking for anything.
Asking the Egyptians for their loot. Looking anyone
black or white in the eye and never backing down.
Handing the goblet to the messenger with a gleaming
eye.

אַוווּ זײַנען די פֿרויען אין דײַן מעשׂה? זייער שפּעט אויפֿן זייגער פֿון 21סטן יאָרהונדערט
האָסטו גאָר ניט קיין פֿרוי קיין העלדינע אין דײַן צאַמגעקלאַפּטן נאַראַטיוו
כּאילו זיי וואַרטן אויף דײַן פֿאַרבעטונג עלעהיי די וועלט וואַרט אויף דיר
די נשים זײַנען דאָך די גאַנצע וועלט גרויסע שטעמעדיקע באַבלימ־לטע וועלט
ניט אויף אַ פּעדעסטאַל ניט הינטער אַ מחיצה
נאָר לעבעדיק און גלידערדיק און זומער־קוים־באַקלײדטערהייט
מיט ווילדע געדאַנקען און שׂכלדיקע פּלענער און פֿלאַנעטאָלאָגיע און פּאַטאָלאָגיע
מיט שפֿרה און פּועה און מרים און יוכבד
אַלע מוטער חווהס עסן כּסדר פֿון אַלע עפּלדיקע טעג
וואָס וואָלט געווען...?
ווען משה־רבינו וואָלט געווען מרים־רבתינו וואָלטן די מיצוות געווען וואַרעם און דערנערנדיק, ניט קאַלט און לוחות־האַרט?
ווען די מוטער שׂרה וואָלט געהערט דעם עקידה־באַפֿעל וואָס וואָלט געווען איר אָפּרוף?
ווען דער אייבערשטער וואָלט געווען די אייבערשטע...?

Vayeshev

Judah saw Tamar by the side of the road
Bow down, future son
Tamar saw sharp what she was owed
This is the seed of what was done
Tamar donned the harlot's veil
Bow down, future son
Her son's seed was to no avail
This is seed of what was done
Lie with me and make me live
Bow down, future son
Judah took out what he had to give
This is the signs of what was done
Tamar showed the rod and stamp
Bow down, future son
Douse the fire of my command

ויגש

אויב די וועסט פֿאָלגן די פֿיזישע געזעצן וואָס מע פֿאָרשט אויס צו
ביסלעך, וועט די ערד געבן ווייץ און ווײַן און אייל
מאַך ניט קיין תּל
נאָר אויב דו קענסט זיך אויסלעבן מיטן מענטש
וועט ערד זײַן געבענטשט
נאָר הנאָהדיק איז אַרײַנצוכאַפּן דאָס אַלץ
יצר־הרע אין שמאַלץ
דאַרף מען באַשליסן וואָסער גורל וויכטיקער איז
אָדם־קטנס אָדער עתּיק־יומינס
גרייט איבערענטפֿערן די וועלט די הנאָות און די באַגערן
בלײַבט אַ רײַכע און באַטעמטע לערע
נאָר ווערט וועט די פֿינגער ענלעך לעקן
ווען מענטשן פֿעלן די ערד צודעקן?

אַלע ייִדישע פּאָעטן האָבן זיך פּלוצעם
אַרויסגעיאַוועט אין מדבר.
אַנטקעגנגעדיכטעט אַ גרויסן פֿעלדז.
פּשטותדיקע פֿאָרמען און צעבראָקלטע גראַמען
האָבן פֿון זייערע מאָגערע פּען געקוועלט.
און דאָרט, ווו אומגעהערטקייט גבֿולט זיך מיט
פֿאַרגאַנגענקייט,
אַרויסגעשירהט אַ וועלט.

דעם הימען האָט ביילע אויסגעצירט.
די אַרבעטער־רייען האָט וואַרשאַווסקי געפֿירט.
זיך אָפּגעגעבן לייוויק מיטן ברענענדיקן סנה.
דעם מדבר אַליין האָט רחלע פֿאַרזונט
און סוצקעווער האָט פֿידל־רויז־טײַבל געפּלאַפּלט

Vayikra

Like a train of beasts led up a ramp
we plodded up steps adoringly.
We seek the Temple. *Not*
because you are more numerous
are you holy. Two of us trapped
against the wall. Cool stone biting
our backs, bloodying the gold
we carried to redeem here.
We are straight as the wall.

We are the outer courtyard
worn smooth and stick-marked.
We are the center, the fire,
the unknown name pronounced. We
are the temple, the fire,
every nation with its hand to the torch.
Our own hand builds the idol, holds
the torch, caresses the cherubim,
manhandles the carcass. Not
today the uttering of the name.
Not this year, our becoming templar.

Ki Sovo

I put before you this day a blessing
and a plate of bratwurst, a missing
link, a chalkboard sketch of a curse;
full birdbath, an incomplete course.
A mountain full of blessers, in chorus,
Amen. A valley freshly rained on. Horses
commanded ahistorically
not to touch the mountain.
Blessers on one mountain, cursers
over there. Mistaken mixed up feelings
in the middle.
Blessed are those who open doors!
A friendly and helpful Amen!
Cursed the nonreplacer of the twist-tie!
A weakly braided plasticbagtop Amen!
Blessed be the overworked, unloved cursers
Cursed the funloving, lazy blessers
Amen! Say it again:
Bless and curse! Amen Amen!

The blessers off one mountain
rushed the cursers on the other
and in the middle was a scrum,
made ungoveranable by Aviram
and Datan and Korach. Mother-
fuckers all of them, hypocrites.
Moses's face empurpled with their
chutzpah. Their complaints legitimate.

Who says compliants are legitimate in religion.
God wants the heart – *rakhmona libo boei* -
not your bile.

Korach

In a deep desert hole filled with smoke
Korach Dathan and Abiram wait for their revenge
clutching the shoelaces of their wives and children
they wait till he sidles by the edge, eyes fixed on --
and they drag him backward, clambering over him
to the top. WE ARE ALL HOLY! they burst out together
(they have practiced this). *Holy holy holy*
came back from the edges of the camp. Flames
lick their feet. The sky is a blue of pure murax.
A pillar of salt waits for their tithing. Emerging
they decipher only gradually the gabble:
clean innocent unclean death stoning sword fire clean
It is the entire people
become one judge.
Gradually it moves towards the sea
and drowns in its reflection
blue like techelet, the sky, the Holy Throne.

Song of the Sea

I turned on the faucet and blood came out.
Bright light spurted when I cut my finger.
Water runs in my supercooled veins.
The ocean is thoughts, layer on layer.
A living being thinks in pure water.

Or the Nile was turned into a tube of light.
For the children of Israel it stayed pure water.
There is blood in the ocean, dilute but real.
My thoughts are fed and cooled by blood.
I turned on the TV and light came out.

Slaves and their children came through the water.
From the corals and weeds, Pharoah overturned
saw fragmented light. Air ripped with fire.
Their heads pounded when they saw the shore.
A rock hammered with the rhythm of blood.

Simchat Torah

May the Excuse who answers for excuses
ascend to the reading of the Source of exegeses.

סיבה הסיבות, קשיא אויף יעדן תירוץ
זיי דער עולה צו דער תורה און דער מיטאס פאר א פרץ.

May the community who aspires to blessing
Bless the blesser who enables our forgetting.

גבאי, פרעג דעם עולה, מה שמכם?
"עשיתי הארץ וסגרתי שמיכם"

This is the ascending of God to our bima.
We cannot ever see or unsee Sechina

ברכו את שמי המבורך, זאגט דער עולה
און עס אייטערט, אזוי איידל, יעדער וואונד פון דער גולה

ברכות-השחר

"אוף" זאגט די זון וואס זי שטייט שוין אויף
און די ברוקשטיינער כאפן שוין אונטער - אוף
שווער די פים, אראפ און ארויף
שווער דאס געמיט וואס וועקט קוים אויף
דעם זייגער דרייט צוריק צו ליידיקייט
די אייזערנע מחיצה יידישקייט
אונדז אפצוטיילן פון דער מעסי-מענטשהייט
שטעל דעם דיסישען-מעיקינג-פנים, פארשטייט
לאמיר צוריק, דו זון, צו ליידיקייט

פיל אן דעם אוניווערס מיט דאיקייט
מיט דארטיקייט, מיט איבעראלישקייט
מיט א פעסטער איידעלער קאליריקער קייט
מיט א פליענדיקער צעכוואליעטער כינעזישער קייט
בשעת מע כאפט זיך שטענדיק אויף
און דערשמעקט די כל-יום-לופט
וואס צעטראגט אומעטועם דעם אלוועלטרוף
ווי א גוויינט וואס קרייזט-ארום דעם שרויף

דור-הפלגה

אט זיינען מיר. דער דורכפאל-דור.
מיר ווייסן שוין וואס דא קומט פאר:
א וועלט קומט אויף, א וועלט גייט אויס
דאס שטיבל ברענט, דער טאג איז אויס,
דער זייגער גייט. פעלט ניט פאר וואס.
קיינער איז ניט דא בעל-הבית.
און דאך, און דא. דער רעגן גלעט
דעם ערדס א קנייטש, א צופאל-בלאט.
מיר זיינען אומעטום געווען.
מיר האבן אלץ נאך ניט געזען.
איך פרעג אייך וועלכע סדרה גייט
דו זאגסט מיר אז די ראד זיך דרייט
און סדרה, פרשה, חומש, חג
איז בלויז א פוץ, א סופר-תג
צו דעם, וואס לייטן רופן צייט,
דער שפיגל-כתב פון יידישקייט.

וזאת הברכה

פֿייד-אין. מע זעט דעם אייבערשטן, אין אַ פֿאָרעם ניט צו באַגרײַפֿן
פֿון מענטשלעכן שׂכל, בײַנאַנד מיט אַ טיפּישן
מענטש פֿון זגאַל האָמאָ, צוזאַמען בײַ אַ טיש. עס הערשט אַן אומג־
עלומפּערטע שטילשווײַגעניש.

מענטש: אייבערשטער. אייבער־שטער. האַ? ווי מיינסטו?
אייבערשטער: דו ביסט ניט דער ערשטער בײַ וועמען דאָס איז
אײַנגעפֿאַלן.
מענטש: וויפֿל יאָר זינט מיר זײַנען דאָ צוזאַמען?
אייבערשטער: עס ווענדט זיך ווי מע רעכנט. נאָר גענוג.
מענטש: איז לאָמיר אויסרעכענען --
אייבערשטער: מעלות און חיסרונות? כ׳טו דאָס טאָג טעגלעך.
מענטש: המחדש בטובֿו בכל־יום תּמיד מעשׂה בראשית, האַ?
און וואָס איז די מסקנא?
אייבערשטער: מע גייט ווײַטער.
מענטש: איז אַוווּ איז זײַן קבֿר?

Acharei Mos

Ours is a sin and light extravaganza.
Who escaped from death with the power of his purse?
Who deserved to speak with the pain of the prophet?
When Einstein and Bergelson played a fiddle duet
I was not yet a matte glimmer in my great-grandfather's
watch chain.
Moshe Rabeynu came upon Sutzkever and Amy Wine-
house
Languishing together in the empty pit. No water -
but snakes and scorpions were there aplenty. Each wrig-
gling thing
inscribed with the name of our failures. Moshe, Avramt-
she, Amy,
all our finest bodies/minds, wrestling with them,
lit and powered from the inside by fire:
bush-fire, offering-fire, menorah-fire
pulsating against the firey snakes and scorpions
the whole writhing over centuries, a Methuselan age.

אחריי מות

The Ballad of Nadav and Avihu

We were struck down
And we don't know why!
A firetongue pounced
From a holiday sky
We brought the coals
He did, and I --
The lightning licked
Our hearts, we died.
A strange fire.
Indeed, a strange fire.

We were told to rejoice.
And joice we did!
Squeeze the juice
From life, they bid.
Climb to the top
Of the Tabernack.
Coal your pan
And don't look back.
A strange fire.
Indeed, a strange fire.

We've read the exe-
Geses – we did.
Jesus, we thought
We parroted

Just the ignition
Moses said.
Now we're inflamed.
Worse, we're dead.
A strange fire.
Estranged from your fire.

I asked God on that day: when will I be vouchsafed
a view of the promise? When are better days?
Every generation thinks their sense of dislocation
is desperate. Through the glass bottom
the shark grins up at the fattest legs.
When will we be satisfied with the hole in the earth?
That is called a Core, shouted the geologists. Of fire!
They pointed to a flame, and I started back in fear.
When will we be scared at the fire in the sky?
The common-sensers said: That is Sun.

אחרי מות

There were scientific reasons for the straight edges of
the Temple.
Cherubim with linked wings: electricity
and magnetism. Inside, a force that acted at a distance
through particles of fire, ash, and light.
The only cohen who stayed sane, I survived
two thousand years. I blinked. Light was everywhere.
People placed their hands on everything. Fingers
dipped into blood reflexively, like a bobblebird, up
and down, dashing the drops diagonally
against a world with millions of walls. Holiness:
I've spent weeks staggering through intersections
watching that word on my eyeballs, divining
the commonsensical colors and shapes behind.
My rope always tied to my waist. My hands
itching for a sacrificial beast.

Acharey Mos

I dig my hand into the meal, bringing thumb and fingers
together. Feel it smush between the fingeredges.

I push your hands down into the cowhead as hard
as I can. Feeling what I am about to slaughter.

I take the basin of blood, dip a finger in
and dash it diagonally according to this diagram,

I am the hope for expiation. When I enter
the Adytum, a rope is tied round my loins

to drag me out if I die, lest no one else
never see how the shadows on the walls

look just like the fears I left at home.

Vezos Habrokhe: The Search for Moses' Grave

I am heading up the expedition!
We have plenty of water and are carrying
Torah scrolls. Each word we read
brings us closer, or farther away,
but in any event with more knowledge
about where it might be.

Every time someone has an idea we stop
unroll our scrolls
and thrust them in the air.
Then we dance around:
This is the Torah Moses gave us!
This is the Torah Moses
--peace be upon him--
gave us!
We stop and scan the horizon.

De Mortuis / Acharei Mos Kedoshim Emor

I am everything to all and a white flake, carried
by desert ants. I rhyme with every taste.
A careful reader sees nothing.
A careful eater notes plots
where six hundred and three thousand
five hundred and fifty teeth have marked
their preference.

Tell me, Avramtshe, what word
to use for you. We never met - I mean
once, I shouted over a line stretched
thin as a tzitzit. The television tummulled
over you, and my squawks were thin
white birds hung on a cable.
I made my apologies - like a Jewish poet

you died later.

אחרי מות קדושים אמור

Martyrs in every generation
spatter the hem of Godhood with their blood
That is obscene, a fundamentalist notion
Venerating massacre is lewd
Soul, tied to the rock of glory
Dazzled by the knifeblade naked and bold
Where are the limits of the redemption story?
Every body's vessels course in red and blue.

Prophets in the promise or outside it
Tell their listeners how they should be free.
What is this freedom? I should be carved
In stone tablets, letters square and deep
Or lie down in the tracks we follow: loops
and fringes. Freedom makes our will real.
We need the kryptonite to bonafide our super
heroes. What's despaired as lost we cannot steal.

They brought the wrong fire. Where is the right one?
We know how to burn - the wrong flesh, the wrong time.
Mixed with water, boiling in the heavens.
Bracketed by wildness, aspiring to be tamed.

שמות/וזאת הברכה

יאָרן פֿול פּראָעך
יאָרן באַגאָסן פֿלאַם
רגעס אָן אַן אַנקער
אָפּגעלעבט אַלץ סתּם
טויטע מיטגעטרויערט
טויטע איגנאָרירט
וואָס האָבן אָבֿות צעבויקערט
וואָס האָבן זיי געשפּירט
וווּ נעמט מען מיר אַ דרך
וווּהין זיך פֿירן וווּ
איך ווייס ניט וווּהין קערן זיך
צי ניצן כּלל ״וווּהין״
ייִאוש איז קיין חידוש ניט
היינט צו טאָג בפֿרט
און ווער עס ווייסט דעם תּירוץ
זאָל מאַכן מיר אַ לייט
מיר אַ לייט

אש בלול במים
איז שמים טײַטש)חזל(
נאָר אַלץ איז דאָך שוין אויסגעמישט
מיט אַלץ אין אַלץ בכלל
ווי צעגלידערט מען אויף פּרטים
ווי מאַכט פֿון כלל א טייל
און הבנה ברענגט הכנה
צו מאַכן גאַנץ פֿון תל

No this is the final blessing, listen.
Avramtshe - your fiddles, your roses
your doves will be eternally planted
in sweetsmelling demassacred Vilnagrass.
You will have an ohel, and the old will bear your all.

שופטים

עס פֿאלט דער פֿירהאַנג. מיר האָבן געזיגט.
עם-ישראל צעקריגט, אַלץ א קריג פֿירט, און קריגט
דאָס לאַנד פון די אָבות, פֿון אמהות, פֿון זיי
וואָס באַווינען דאָרט טאַקע, און מיר פֿעלקער צוויי
(כּהנים און ישׂראל, הייליקער און וואָכעדיקע)
דאַרפֿן באַווינען און באַוויינען ווי גוט מיר קענען נאָר
ביז די שטעט ווערן באַווינט פֿון משיח־קינדער גאָר

About the Author

שלום בערגער, אַ פּאָעט, איבערזעצער און פּראָזאַיִקער, וווינט אין באַלטימאָר מיט זײַן פֿרוי און דרײַ קינדער. ער איז אַן אָפּטמאָליקער מיטאַרבעטער בײַם פֿאָרווערטס, ווי אויך בײַ חסידישע צײַטשריפֿן ווי דאָס "שבת בלעטל." ער האָט זיך קונה-שעם געווען מיט "די קאַץ דער פּאַיאַץ," אַ ייִדיש-איבערזעצונג פֿון ד"ר סוס' באַוווּסטן קינדער־קלאַסיק. בײַ טאָג אַרבעט ער ווי אַ דאָקטער און שרײַבט וועגן דער דאָקטער-פּאַציִענטן-קאָמוניקאַציע.

Zackary Sholem Berger is a poet, translator, and short-story writer who writes in English, Yiddish, and the space between. He and his wife, Celeste Sollod, founded the publisher Yiddish House LLC in 2003, which published his first book of poetry, *Not in the Same Breath* (2011), as well as his Yiddish translations of *The Cat in the Hat, Curious George*, and other classic children's books. In a parallel life, he is a primary care doctor who researches and writes about doctor-patient communication.

See more at: www.zackarysholemberger.com

Apprentice House is the country's only campus-based, student-staffed book publishing company. Directed by professors and industry professionals, it is a nonprofit activity of the Communication Department at Loyola University Maryland.

Using state-of-the-art technology and an experiential learning model of education, Apprentice House publishes books in untraditional ways. This dual responsibility as publishers and educators creates an unprecedented collaborative environment among faculty and students, while teaching tomorrow's editors, designers, and marketers.

Outside of class, progress on book projects is carried forth by the AH Book Publishing Club, a co-curricular campus organization supported by Loyola University Maryland's Office of Student Activities.

Eclectic and provocative, Apprentice House titles intend to entertain as well as spark dialogue on a variety of topics. Financial contributions to sustain the press's work are welcomed. Contributions are tax deductible to the fullest extent allowed by the IRS.

To learn more about Apprentice House books or to obtain submission guidelines, please visit www.apprenticehouse.com.

Apprentice House
Communication Department
Loyola University Maryland
4501 N. Charles Street
Baltimore, MD 21210
Ph: 410-617-5265 • Fax: 410-617-2198
info@apprenticehouse.com • www.apprenticehouse.com

www.ingramcontent.com/pod-product-compliance
Lightning Source LLC
Chambersburg PA
CBHW060039050426
42448CB00012B/3083
9781627200141